INCIDENT

DU

CONSULAT DE FRANCE

A FLORENCE

PAR

EDOUARD CLUNET

Avocat à la Cour de Paris

VIOLATION D'UN CONSULAT. — I. *Immunité des locaux et des archives consulaires. Droit commun. Droit conventionnel franco-italien. Précédents.* — II. *Succession d'un Tunisien en Italie. Droit d'intervention du consul français. Relations de la France et de l'Italie au regard du protectorat français en Tunisie.*

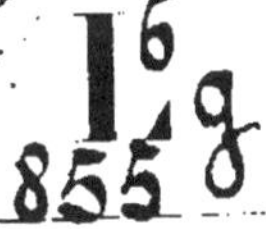

PARIS

CHAL ET BILLARD, Libraires de la Cour de Cassation

27, place Dauphine, 27

1888

INCIDENT

DU

CONSULAT DE FRANCE A FLORENCE

INCIDENT

DU

CONSULAT DE FRANCE

A FLORENCE

PAR

EDOUARD CLUNET

Avocat à la Cour de Paris

VIOLATION D'UN CONSULAT. — I. *Immunité des locaux et des archives consulaires. Droit commun. Droit conventionnel franco-italien. Précédents.* — II. *Succession d'un Tunisien en Italie. Droit d'intervention du consul français. Relations de la France et de l'Italie au regard du protectorat français en Tunisie.*

PARIS

MARCHAL ET BILLARD, Libraires de la Cour de Cassation
27, place Dauphine, 27

1888

[illegible]

[illegible]

[illegible]

[illegible] DE BUZĂU

[illegible]

INCIDENT

DU

CONSULAT DE FRANCE A FLORENCE

VIOLATION D'UN CONSULAT. — I. Immunité des locaux
et des archives consulaires. — Droit commun. —
Droit conventionnel franco italien. — II. Succession
d'un Tunisien en Italie. — Droit d'intervention du
consul français. — Relations de la France et de l'Italie
au regard du protectorat français en Tunisie.

(France, Italie, Tunisie.)

Le 28 juin 1887, décédait à Florence Hussein-Pacha,
ancien agent du bey de Tunis et sujet tunisien. Le consul de France, M. de Laigue avisa l'autorité locale de ce
décès, et sans rencontrer d'opposition, apposa les scellés
sur les effets de la succession. Les autorités locales furent informées de cette opération ainsi qu'il appert des
lettres des préteurs du premier et second mandement de
Florence, en date du 30 juin, adressées au consul français, et s'excusant près de lui, à raison d'affaires de service de ne pouvoir assister à l'apposition des scellés.

Les effets et papiers du défunt furent déposés aux
archives du consulat. Le consul français estimait en
agissant ainsi se conformer à la convention consulaire
franco-italienne de 1862.

Plusieurs mois se passent. Les 29 octobre et 2 novembre 1887, le consul français, à la requête de M.
Santillana, mandataire du bey de Tunis, créancier de la
succession, procède à la levée des scellés, sur lesquels

l'autorité locale n'a pas croisé les siens. Alors se présente un sieur El-melik. Il prétend être créancier du défunt, et avoir droit, comme tel, à assister au dépouillement des papiers de la succession.

El-melik est un juif algérien, devenu Français par la vertu du décret du 24 octobre 1870, rendu à Tours sur la proposition de M. Crémieux.

La proposition était que El-melik n'était pas créancier du défunt. Un arrêt de la cour de Lucques (mars 1887). confirmé par la Cour de cassation de Florence (16 décembre 1887) avait déclaré au contraire qu'il était présumé débiteur de Hussein-Pacha tant qu'il n'aurait pas rendu ses comptes. Le consul français, ne se trouvant pas en face de la prétention d'un Italien ou d'un sujet d'une tierce puissance, dénie à El-melik, sujet français, le droit d'intervenir à moins qu'il ne se présente muni d'une décision française, à ce l'autorisant.

El-Melik refuse de se soumettre, et bien que Français il assigne le consul français devant le tribunal civil italien. L'assignation est délivrée le 8 novembre 1887. Le consul français demande conseil aux avocats du pays qui sont d'avis qu'il n'a pas à répondre à pareille action et en conséquence il s'abstient de comparaître.

Le 26 décembre 1887, signification est faite au consulat de France d'un jugement par défaut, du 17 du même mois, ordonnant le séquestre des papiers dépendant de la succession, le dessaisissement du consul des biens et effets dépendant de la succession, avec exécution provisoire.

Le consul, tout en considérant ce jugement comme rendu contre lui hors de propos, s'apprêtait, par déférence pour le pays auprès duquel il était accrédité, à y former opposition, lorsque pendant son absence, le preteur se présente à la chancellerie du consulat et somme le chancelier d'avoir à exécuter le jugement par défaut du 17 décembre.

Le chancelier, M. Langlade, déclare au préteur :

1° Que, sans entrer dans l'examen d'aucune question de droit, il ne peut, en sa qualité de gardien naturel des archives, et sans ordre du consul, laisser l'autorité locale pénétrer dans les bureaux de la chancellerie;

2° Que la chambre fermée à clef, où sont déposés les

papiers Hussein-Pacha, est aussi affectée aux archives
consulaires et aux dépôts judiciaires, et que leur inviolabilité est consacrée par le traité franco-italien de 1862.

Le préteur florentin envoie quérir la gendarmerie et
un serrurier. Il ordonne de forcer la porte des pièces
contenant les archives et les dépôts; puis, y pénétrant,
il procède au séquestre de papiers et documents qu'il
juge dépendre de la succession et y appose ses scellés.
En fait, parmi ces papiers, les uns dépendaient de la
succession, les autres appartenaient aux archives consulaires, notamment une liasse de documents officiels
relatifs à l'année 1877. (Fait relevé dans la protestation
des consuls étrangers établis à Florence du 26 décembre 1887,)

Le chancelier rédige séance tenante un procès-verbal
constatant la violation du local consulaire *manu militari*. La protestation est immédiatement renouvelée aux
mains du gouvernement italien par le consul et l'ambassadeur de France, M. de Mouy.

L'incident impliquait une question de principe du
plus haut intérêt pour les relations diplomatiques ; aussi,
tous les gouvernements représentés auprès de l'Italie en
furent-ils émus. Les consuls des différentes nations se
réunirent à Florence sous la présidence du doyen,
M. Conalghi, consul d'Angleterre, pour rédiger une protestation. La rédaction de ce document fut arrêté le 26
décembre 1887 : il reconnaît que les faits accomplis par
le préteur italien au consulat français à Florence sont
condamnés, non-seulement par la convention franco-italienne de 1862, mais par les principes généraux du droit
des gens.

Les consuls, après en avoir délibéré, sauf le consul
de France, ont voté à l'unanimité la motion suivante :
« Vu la gravité des faits dont les consuls précités ont
pris connaissance, il a été décidé que chacun d'eux en
référerait à son gouvernement, et le présent procès-verbal a été signé par toutes les parties, qui ont arrêté
que l'original en demeurerait déposé dans la chancellerie britannique, sous l'inviolabilité d'icelle. » Cet acte
important a été transmis, le 15 janvier 1888, aux divers
gouvernements par leurs ambassadeurs respectifs accrédités à Rome.

Sur les réclamations énergiques du cabinet de Paris auprès du cabinet du Quirinal, des négociations s'ouvrirent.

Sur ces entrefaites, et alors que les deux gouvernements se livraient à une enquête approfondie sur les faits dénoncés, El-Melik poursuivit sa procédure.

En effet, sur les instances d'El-melik, les parties intéressées ont été citées, le 18 janvier 1888, à comparaître le surlendemain, 20 janvier, au consulat de France, pour voir procéder par le préteur Tosini à la levée des scellés apposés par ce magistrat le 22 décembre 1887, et à la rédaction de l'inventaire de la succession d'Hussein-pacha.

L'annonce de ce nouvel incident, alors que les négociations étaient pendantes, souleva les protestations de la France. Le gouvernement italien répondit par la voie de la presse officieuse qu'il n'y avait là qu'une suite des procédures judiciaires engagées devant les tribunaux ; qu'il ne lui appartenait pas d'y intervenir, et qu'on ne pourrait en conséquence lui imputer des actes qui s'accompliraient dans une sphère indépendante de son action.

En fait, cependant, le cabinet italien informa M. de Mouy, ambassadeur de France à Rome, et M. le général Menabrea, ambassadeur d'Italie à Paris, qu'il avait été ordonné de surseoir à la levée des scellés italiens sur la succession Hussein jusqu'à une date indéterminée.

M. le général Menabrea a envoyé à Rome M. Ressmann, ministre plénipotentiaire d'Italie à Paris, auprès de M. Crispi, président du conseil des ministres.

Une nouvelle enquête fut ouverte à Florence par le préfet de la ville et le procureur général pour compléter et rectifier les renseignements sommaires fournis au premier moment par les autorités italiennes à leur gouvernement.

Le conseil du contentieux diplomatique fonctionnant à la Consulta à Rome, fut saisi de l'examen et de la discussion des questions juridiques soulevées par l'incident. M. le sénateur Canonico, conseiller à la Cour de cassation, fut chargé du rapport.

M. Crispi, président du conseil, et M. Zanardelli garde des sceaux, tous deux avocats et jurisconsultes de pre-

mier ordre, étudièrent personnellement les points de
droit engagés dans l'affaire.

Enfin, le 21 janvier 1888, à Paris, pendant que le conseil des ministres était réuni à l'Elysée, sous la présidence de M. Carnot, président de la République, M. le
général Menabrea se rendit au palais du chef de l'Etat
et fit prévenir M. Flourens, ministre des affaires étrangères, qu'il avait une communication à lui faire.

Le ministre des affaires étrangères, quittant la séance
du conseil, reçut immédiatement l'ambassadeur d'Italie, qui lui communiqua la dépêche reçue de son gouvernement et indiquant la solution proposée par l'Italie
pour clore le différend.

Voici la note officielle qui a été communiquée à ce
sujet par le gouvernement français dans l'après-midi du
21 janvier 1888 :

« M. Flourens, ministre des affaires étrangères, a reçu
ce matin M. le général Menabrea, ambassadeur d'Italie,
qui est venu le trouver à l'Elysée, pendant le conseil
des ministres, afin de lui communiquer un télégramme
de M. Crispi, à la suite duquel l'incident de Florence,
peut être considéré comme clos.

« Le préteur Tosini sera déplacé de manière à ne plus
avoir aucun contact avec le consul de France à Florence.

« La succession de Hussein sera réglée conformément
aux clauses de la convention italo-tunisienne de 1868,
qui n'a jamais été contestée par notre cabinet, le traité
du Bardo ayant reconnu toutes les conventions et traités internationaux antérieurs à sa signature.

« Le consul de France à Florence ne sera l'objet d'aucun blâme. »

A la suite de cet accord, le préteur Tosini, de Florence, a été blâmé et déplacé. Le *Berliner Tagblatt* de
Berlin annonçait le 28 février 1888, que, ce magistrat
avait reçu de l'avancement. Cette information a été depuis officieusement démentie.

POINT DE DROIT

1° Les autorités locales ont-elles, en général, le droit
de mettre à exécution *manu militari* un jugement rendu

contre un consul étranger, de pénétrer à cet effet dans le local du consulat, et de porter la main sur les pièces et documents qui y sont déposés? *Quid* d'après le droit conventionnel spécial aux rapports de la France et de l'Italie?

Cette question est la première qui se pose dans l'incident actuel ; elle réclame une solution distincte et séparée des questions accessoires qui s'y rattachent. Cette vue, comme on le sait par l'exposé qui précède, est celle à laquelle se sont arrêtés les négociateurs diplomatiques des deux pays en cause.

A la mort de Hussein-Pacha, sujet tunisien, le consul français avait-il le droit d'intervenir dans les affaires de la succession, d'apposer ou de lever les scellés? d'accueillir ou de rejeter les réclamations d'un prétendu créancier français? Les Tribunaux locaux avaient-ils juridiction sur un consul étranger? Pouvaient-ils le condamner à faire telle ou telle remise? La réponse à ces questions est indifférente pour celle que nous cherchons.

Il a semblé au consul français que le traité franco-italien de 1862, le traité du Bardo de 1881, lui permettaient cette interférence. Son illusion s'est fortifiée de cette circonstance, qu'ayant avisé les autorités locales de son intervention dans la succession du sujet tunisien décédé, celles-ci l'ont remercié de son avertissement, et lui ont déclaré se désintéresser du cas signalé à leur vigilance. Ayant agi au su et au vu de la puissance territoriale, le consul a procédé paisiblement aux devoirs de sa fonction. Plusieurs mois après, un Français se prétendant créancier, mais présumé au contraire débiteur de la succession aux termes de décisions italiennes récentes, veut intervenir dans les opérations de la liquidation, le consul français le repousse.

Le prétendu créancier français croit pouvoir appeler son propre consul devant les tribunaux locaux. L'exigence semble au premier abord singulière. Le consul estime qu'une prétention de cette nature entre deux Français, dont l'un est revêtu d'un caractère public, ressort des tribunaux du pays dont ils relèvent tous deux. L'intervenant persévère ; il assigne. Le consul, après avis des jurisconsultes italiens, s'abstient de comparaître. Le tribunal local rend contre le consul un jugement par défaut prononçant le dessaisissement du consul, et l'obligation pour lui de remettre les papiers de la succession. Avant même que le consul ait pu décider si, par déférence, il convenait ou non de se pourvoir judiciairement contre un jugement rendu sans contradiction, le Français décide les autorités locales à exécuter le jugement, et celles-ci pénétrant de force dans le consulat, et malgré les protestations du chancelier, instrumentent par la main des gendarmes, jusques et y compris l'éventrement des liasses des archives consulaires.

Supposons, pour rendre l'hypothèse aussi favorable que possible aux envahisseurs, que le consul français eût été sans droit pour s'occuper en Italie de la succession d'un sujet tunisien, qu'il n'eût pas avisé les autorités locales de son intention d'apposer les scellés, que le Français ait pu appeler son propre consul devant le Tribunal local, que ce Tribunal ait eu compétence pour trancher une pareille contestation, que le consul français ait eu tort de ne pas comparaître devant le juge italien, de ne pas former opposition au jugement par défaut, même sans qu'il en ait eu le temps matériel, la force publique locale était-elle autorisée à exécuter *manu militari* le jugement obtenu, et ce, jusque sur les archives consulaires?

Nous répondons non sans hésitation.

Il importe peu que les meilleurs auteurs ne reconnaissent pas aux consuls le privilège d'exterritorialité dont jouissent les agents diplomatiques ; que les Tribunaux s'arrogent le droit de retenir à leur barre les consuls qui y sont appelés. Nous avons déjà éprouvé l'effet de cette doctrine (Paris, 8 janvier 1886, notre *Journal* 1886, p. 76).

Les consuls pourront être jugés, et condamnés par la juridiction de droit commun. En exécution des sentences rendues contre eux, leurs biens personnels pourront être saisis; ils pourront être poursuivis pour leurs obligations particulières jusque dans leur domicile privé, et la main des huissiers se promènera licitement sur les meubles et sur leurs effets personnels les plus intimes. Mais ils devront s'arrêter au seuil de cette partie de la demeure du consul, réservée à l'exercice de sa fonction. Là s'ouvre l'asile inviolable de l'envoyé public; le lieu où, sur la foi des traités, sont réunis les documents publics appartenant à une nation amie. Le franchir, c'est passer la frontière ; c'est un commencement d'invasion.

Qu'on nous entende bien ; il ne s'agit pas ici de la fiction plus ou moins contestée de l'exterritorialité d'après laquelle l'hôtel de l'ambassadeur est en quelque sorte la continuation du territoire de la puissance représentée. Nous savons qu'elle ne s'étend pas aux consuls.

Nous disons simplement que les nécessités inhérentes aux relations internationales dressent au seuil du sanctuaire des consulats une barrière, que l'autorité locale ne doit renverser qu'avec l'agrément de l'agent étranger. Ainsi le veut, quelque chose de plus fort que toutes les fictions, l'impérieuse obligation d'assurer aux rapports des nations entre elles l'indépendance et la sécurité la plus absolue. Ce serait fait de cette indépendance et de cette sécurité, si, en France, ou ailleurs, sous prétexte d'exécuter un jugement local, il était permis à un commissaire de police, escorté de ses agents, de pénétrer dans le consulat allemand, anglais ou italien, et d'y mener la poursuite de tel ou tel document jusqu'à travers les dossiers consulaires !

De telles pratiques sont mauvaises ; elles aboutiraient à un véritable désordre international. Si elles avaient lieu en France nous les condamnerions énergiquement. Il nous est difficile de les approuver à l'étranger.

Ces procédés violents ont des conséquences plus hautes que celles qu'on envisage tout d'abord. Outre l'inconvénient d'exposer, dans certains cas, à des indiscrétions préméditées des documents sur lesquels la puissance territoriale ne possède aucun droit d'investigation, elles provoquent chez la Puissance qui a subi la voie de fait, la tentation des représailles, l'état de paix est troublé ; et sans aller jusqu'à faire naître un *casus belli*, elles déconcertent les bonnes volontés. Le prestige du représentant étranger s'en trouve diminué. Il se dégage de ces actes de force comme une sorte d'humiliation qui remonte à la Puissance représentée. La vie internationale s'imprègne d'une aigreur insupportable, dont l'effet est ressenti dans la négociation des affaires de chaque jour.

Les jurisconsultes italiens ne pensent point différemment de nous sur ce point ; nous sommes d'ailleurs accoutumés à les rencontrer au premier rang lorsqu'il s'agit de défendre les règles les plus libérales qui assurent l'harmonie des relations internationales.

P. Fiore, professeur à l'Université de Naples, le déclare dans la 2º édition de son remarquable *Nouveau droit international public*, t. II, 1885, nº 1185 : « Les principes du droit international public qui devraient régler en pratique l'exercice des attributions spéciales des consuls, sont... etc. Les archives consulaires sont inviolables. Les autorités locales ne pourront, sous aucun prétexte, y faire des recherches, y saisir des pièces ou prendre communication d'un document quelcouque contre la volonté de l'agent consulaire. Toute immixtion dans les affaires du consulat doit être considérée comme une violation du droit international. »

Pietro Esperson, professeur à l'Université de Pise, dans la première partie du deuxième volume de son *Diritto diplomatico* intitulée *Di consolati*, examine la question du secret de la correspondance. Il décide que les consuls ont droit, comme les agents diplomatiques, à ce que leur correspondance soit respectée; le savant auteur ajoute : « che gli archivi e in generale tutte le carte delle cancellerie de consolati sono inviolabili, ed è vietato alle autorita locali, sotto alcum pretesta, divisitarle o sequestrarle ».

Ces principes ont été consacrés par le droit conventionnel. Voici ce que stipule notamment la convention consulaire franco-italienne du 26 juillet 1862, dans son art. 5 : « Les archives consulaires seront inviolables et les autorités locales ne pourront sous aucun prétexte ni dans aucun cas visiter, ni saisir les papiers qui en feront partie. Ces papiers devront toujours être complètement séparés des livres ou papiers relatifs au commerce ou à l'industrie que pourraient exercer les consuls, vice-consuls, ou agents consulaires respectifs. »

Il nous revient de bonne source que l'incident de Florence pourrait fournir aux puissances signataires de la convention de 1862 l'occasion de chercher à définir

ce qu'il convient d'entendre par « archives consulaires. »

On prétend que le vague de cette expression entraîne
des inconvénients dont le présent incident est la preuve.
Dans l'état actuel des textes, on saurait mal où commen-
cent et où finissent les archives d'un consulat, où et
jusqu'où les autorités locales sont autorisées à pénétrer
et à agir. On est préoccupé de restreindre la franchise
accordée aux agents étrangers et de resserrer l'espace
où elle peut s'exercer.

Avant que les pourparlers ne soient engagés, qu'on
nous permette d'ouvrir notre avis. Cette préoccupation
peut répondre à des nécessités momentanées apparues à
l'occasion d'un événement déterminé ; mais elle nous
semble en opposition avec l'intérêt général et perma-
nent. Les éléments indispensables à la vie internationale, ce sont, encore une fois, l'indépendance et la sécurité ; tout ce qui tend à les favoriser est heureux ; tout
ce qui les diminue est un préjudice causé à tous : *hodié
mihi, cras tibi*.

On trouve que le consulat tout entier ne doit pas être
soustrait aux investigations de la police locale. Pour
quelques-uns, l'affectation d'une chambre aux archives
consulaires, avec la mention de sa destination sur la
porte serait encore trop étendue ; le consul pourrait
abriter dans cette chambre un objet soumis à l'impôt et
l'y soustraire ! Une armoire même, revêtue de l'inscription « archives consulaires » serait encore un refuge
trop vaste : il y aurait moyen d'y cacher une boîte de
cigares, ou, entre les feuillets des registres consulaires,
le document même que recherchent les agents de l'autorité !

Le mal qu'on nous signale est sans doute très grand ;
mais l'intromission de la police dans un consulat, la
perquisition domiciliaire dans les archives d'une nation
nous semble un mal plus grand encore. Entre les deux
inconvénients, nos préférences vont au moindre. Nous
estimons donc que le bureau professionnel du consul
ainsi que la pièce consacrée aux archives, et officielle-
ment désignée par l'inscription « Archives consulaires »
doivent être placés hors des atteintes de la force publique.

Enfin qu'on nous permette d'ajouter que transformer ainsi les consuls en contrebandiers ou en recéleurs, c'est une hypothèse bien gratuite. L'éducation diplomatique des consuls les met au-dessus de pareilles habitudes. S'y livreraient ils par accident ? La sanction ne ferait pas défaut. Le gouvernement local porterait plainte, par la voie diplomatique, auprès des gouvernements dont relèveraient les agents indélicats. Le plus élémentaire des devoirs internationaux commanderait au gouvernement interpellé de frapper son agent suivant la gravité du cas, d'un déplacement, d'une suspension, ou d'une révocation.

La voie diplomatique, tel est le véritable recours qui appartient à un gouvernement pour obtenir satisfaction d'un agent diplomatique ou consulaire, qui méconnaît ou dépasse ses droits.

Il est toujours dangereux, pour la bonne solution des conflits dont ces représentants peuvent être l'occasion, et pour la paix, qu'un gouvernement se fasse justice lui-même sur la personne d'un agent étranger, et qu'il poursuive ses revendications contre lui avec assistance de commissaires et de soldats jusqu'en l'intime sanctuaire où cet agent, revêtu de sa fonction, entouré des biens commis à sa garde, apparait réellement dans son caractère de représentant ou de délégué d'une nation libre et indépendante. Le spectacle qui se donne alors est vraiment douloureux ; ce n'est rien moins que le choc de deux souverainetés.

Aussi bien, notre conclusion sur ce premier point se dégage-t-elle nettement. A supposer que le consul français à Florence eût eu juridiquement tous les torts dans les procédures engagées au sujet du décès de Hussein-Pacha à Florence, au point de vue des règles les plus certaines du droit international, comme du texte des traités en vigueur, l'autorité locale ne pouvait pas exécuter *manu militari* ses décisions dans l'intérieur du consulat, et jusqu'au milieu des archives consulaires. Elle devait procéder par voie diplomatique auprès du gouvernement étranger dont relevait le consul, et établir devant ce gouvernement les raisons qui démontraient tout à la fois les torts de l'agent et l'obligation où ouvait être son gouvernement de le contraindre à déférer aux injonctions de l'autorité locale.

Précédents. — A l'occasion de cette affaire, on nous saura gré de rappeler quelques précédents assez peu connus et qui présentent de l'intérêt.

I. — Le 10 juillet 1863, le vapeur français l'*Aunis* arrivait à Gênes. Le préfet de cette ville, M. Gualtario, apprit, que ce navire avait embarqué à Civita-Vecchia (Etats-Romains) cinq chefs des insurgés bourboniens qui tenaient campagne dans l'Italie méridionale, en faveur d'une restauration du roi de Naples. M. Gualtario envoya immédiatement une dépêche au ministre de l'intérieur, M. Peruzzi. Ce dernier étant parti pour Pise, M. Spavénto répondit à sa place de se comporter conformément au droit international. Mais le préfet de Gênes n'avait pas attendu ces instructions pour agir. Sur son ordre, un commissaire de police avait fait entourer l'*Aunis* ; vingt-cinq carabiniers envahissaient le navire et se rendaient maîtres des cinq insurgés. Le capitaine étant absent, le second protesta, et refusa de laisser enlever ces passagers, sans l'ordre du consul de France. M. Gualtario s'adressa alors au consul qui se plaignit d'être consulté si tardivement, mais on lui représenta que ces prétendus chefs d'insurgés étaient des bandits, coupables de crimes de droit commun ; et il consentit alors à les laisser arrêter, en présence d'un de ses employés.

Se voyant pris, deux des accusés, le nommé Cipriano la Gala et son frère se jetèrent à l'eau pour tenter de se sauver à la nage ; des matelots les poursuivirent, les ramenèrent, et les cinq passagers furent conduits dans les prisons de Gênes.

Cette intervention constituait une violation de l'article 13 du traité franco-italien du 26 juillet 1862 ainsi conçu : « Les consuls généraux, consuls et vice-consuls ou agents consulaires seront chargés exclusivement du maintien de l'ordre intérieur à bord des navires marchands de leur nation ; ils régleront eux-mêmes les contestations de toute nature qui seraient survenues entre le capitaine, les officiers du navire et les matelots, etc. Les autorités locales ne pourront intervenir que lorsque les désordres survenus à bord des navires seraient de nature à troubler la tranquillité et l'ordre public, à terre ou dans le port, ou quand une personne du pays ou ne faisant pas partie de l'équipage s'y trouvera mêlée. Dans tous les autres cas, les autorités précitées se borneront à prêter tout appui aux consuls et vice-consuls ou agents consulaires, si elles en sont requises par eux, pour faire arrêter et conduire en prison tout individu inscrit sur le rôle de l'équipage, chaque fois que, pour un motif quelconque, lesdits agents le jugeront convenable. »

Les conspirateurs bourboniens, malgré leur culpabilité aux yeux du gouvernement italien, venaient d'une terre étrangère ; ils étaient passagers d'un navire français; ils se trouvaient protégés par l'art. 13 précité contre toute perquisition à bord de la police locale,

Le gouvernement italien fut d'un autre avis. Il soutint que les cinq prisonniers, accusés de plusieurs crimes, étaient de bonne prise et que leur arrestation à bord était d'autant plus légale qu'elle avait été consentie par le consul de France.

Le gouvernement français répondit que son consul avait lui-même commis, de son côté, un abus de pouvoir en donnant aux autorités locales une autorisation qu'il aurait dû, au contraire, leur refuser, pour rester fidèle à l'esprit comme à la lettre de la convention. Le ministère italien insistant, et la presse italienne s'étant saisie du différend, on en vint à un échange d'explications de cabinet à cabinet. On rapprocha les articles 12 et 13 de la convention de 1862 de l'article 7 de la convention postale de 1860. Le gouvernement italien fut amené à convenir que de ce rapprochement ressortait une démonstration évidente du bien fondé des protestations du gouvernement français. L'article 7 de la convention postale de 1860, toujours en vigueur, stipule, en effet, que « les passagers qui ne jugeraient pas à propos de descendre à terre pendant la relâche dans un port, ne pourront, sous aucun prétexte, être assujettis à aucune perquisition... »

Le gouvernement italien reconnut galamment l'abus de pouvoir commis par le préfet de Gênes. Il imposa silence aux journaux en faisant saisir le *Diritto* et l'*Ar-*

moria, et en les citant devant les tribunaux. Il blâma la conduite du préfet, comme le chargé d'affaires de France, M. de Sartiges, avait désapprouvé celle du consul français.

Le 25 juillet 1863, c'est-à-dire quinze jours après l'incident, les documents sur « l'affaire de l'*Aunis* » étaient publiés et soumis à l'appréciation des Chambres. Ils comprenaient un rapport du ministre de l'intérieur, une note de M. de Sartiges au gouvernement italien, une note de M. Nigra au ministre des affaires étrangères, une note du comité du contentieux diplomatique, une autre de M. Visconti-Venosta, et la réponse de M. Nigra du 26 juillet 1863.

Le cabinet italien concluait à la restitution des prisonniers, et le gouvernement français, jugeant que les passagers de l'*Aunis* n'auraient pu être livrés qu'en vertu d'une demande d'extradition, s'engageait à les retenir jusqu'à ce que cette demande fût examinée. La Chambre italienne approuva ces résolutions et l'affaire prit fin sans troubler les bonnes relations des deux pays.

II. — Au mois de novembre 1874, le consul de France à Venise eut une difficulté avec les autorités de la ville, au sujet d'une taxe de séjour, que le syndic voulait faire payer aux Français habitant la ville. Le consul français estima que cette taxe ne pouvait être imposée à ses nationaux à raison de l'art. 1 du traité de commerce et de navigation franco-sarde du 5 novembre 1850, respecté en ce point par les traités de commerce subséquents. Cet article dit : Ils (les habitants des deux pays) ne paieront point pour exercer leur commerce et leur industrie dans les ports, villes et lieux quelconques des deux Etats, soit qu'ils s'y établissent, soit qu'ils y résident temporairement ou ne fassent que les traverser à titre de commis marchands ou commis-voyageurs, de patente, taxes, ou impôts; sous quelque dénomination que ce soit, autres ou plus élevés que ceux qui se percevront sur les nationaux. »

La taxe en question n'étant pas payée par les nationaux et la taxe sur les étrangers n'existant pas en France, le consul engagea les Français à ne pas payer la taxe, et refusa de livrer au syndic les listes contenant les noms de ses nationaux. Un dimanche matin, M. Baragnon, alors consul, reçut au palais Correre la visite d'un huissier qui venait, muni du jugement d'un préteur, exiger les listes.

M. Baragnon s'y refusa et éconduisit l'huissier. Le corps consulaire tout entier approuva la conduite du consul français. Le consul général de Russie ajouta que pareille mésaventure lui était arrivée et qu'il avait été obligé d'opposer la même résistance à l'officier ministériel italien.

L'affaire avec le consul russe n'avait eu aucune suite; celle avec le consul de France n'en eut pas davantage. Il n'y eut pas d'échange d'explications entre le gouvernement italien et le duc Decazes, alors ministre des affaires étrangères.

III. — A la fin de novembre 1885, une révolte, compliquée de rixe et suivie de mort d'homme, éclata en rade de Piombino, près Livourne, à bord du voilier français l'*Utile*.

Le consul de France à Livourne, avisé par télégramme, envoya immédiatement son chancelier pour instruire l'affaire, et ordre, conformément aux conventions consulaires, d'empêcher les autorités italiennes de monter à bord de l'*Utile*.

Le préteur de Piombino, poussé par la population, prétendit connaître de l'affaire.

Mais, devant l'attitude énergique du consul de France et de son représentant, il consentit à en référer à Rome, au ministère des affaires étrangères où, avec grande courtoisie, on reconnut les droits et la compétence du consul de France, en vertu de l'article 13 du traité du 26 juillet 1862.

IV. — Le 16 octobre 1885, le chargé d'affaires d'Angleterre a présenté au gouvernement espagnol une note protestant contre l'embargo qui avait été mis tout d'abord sur le consulat général anglais à la Havane, sur les archives, les bureaux et la maison du consul, et qui plus tard a été limitée aux propriétés de ce fonctionnaire.

En sa qualité officielle, le consul anglais s'était porté garant pour une maison de commerce anglaise à laquelle la douane espagnole avait infligé une amende colossale. Cette garantie n'avait été donnée que conditionnellement, en présence de l'insuccès des réclamations du consul par voie diplomatique. La maison anglaise avait fait faillite avant l'issue des négociations du consul.

L'embargo sur les bureaux et les archives du consulat anglais fut immédiatement levé et l'incident n'eut pas de suites diplomatiques.

V. — Notre éminent collègue Calvo s'exprime ainsi qu'il suit dans son Droit international théorique et pratique (3ᵉ éd. 1880, t. I, § 468). « Les règles de droit commun qui servent de base à la législation anglaise sont d'une inflexibilité telle que l'on a vu, il y a un certain nombre d'années, saisir et vendre les archives du consulat général de France à Londres, comme gage de l'impôt mis à la charge du propriétaire de la maison louée pour le service de la chancellerie. »

Le fait nous ayant paru d'un caractère véritablement exorbitant, nous nous sommes enquis à Londres de son authenticité. Il résulte des renseignements d'une grande autorité qui nous sont fournis, qu'il faut heureusement reléguer ce récit dans le domaine de la légende. Le « Foreign office » et le « Inland revenue Office » le déclarent expressément controuvé (février 1888).

2° Les consuls français peuvent-ils intervenir dans la succession des sujets tunisiens, décédés à l'étranger, spécialement quand ils sont décédés en Italie ?

La note officielle qui clot l'incident de Florence décide : « Que la succession de Hussein Pacha sera réglée conformément aux clauses de la convention italo-tunisienne de 1868 ». La concession de la France a donc été complète (1). Malgré cela, cette seconde question présente encore, comme on le verra, plus qu'un intérêt théorique pour le différend que nous étudions.

Il importe donc de recueillir l'opinion italienne sur ce point ; elle s'est formulée comme suit :

I. — L'Italie n'est pas obligée de reconnaître les consuls tunisiens ni d'admettre que les consuls français

______

(1) « L'incident de Florence a été clos conformément aux vues italiennes. » (M. Crispi, séance de la Chambre des députés du 17 mars 1888.)

peuvent s'occuper des questions de succession des sujets du Bey, parce que la convention consulaire de 1862 est stipulée pour les Français et les Italiens et non pour les Tunisiens, qui ont leur droit conventionnel déterminé par le trait de commerce de 1868.

II. — Le traité du Bardo est *res inter alios acta*, et le gouvernement italien n'est tenu qu'à la novation limitée du protocolc du 25 janvier 1884.

III. — L'action des consuls français pour la protection des sujets tunisiens peut être demandée par la France et par le Bey. Il faut savoir demander, il faut savoir obtenir. Le président du conseil et ministre des affaires étrangères doit obtenir l'assentiment du pouvoir législatif pour toute convention future (1).

La triple proposition, sous laquelle se présente cette formule (2), est de nature à soulever bien des observations ; nous en noterons seulement quelques· unes :

I. — Sans doute le traité franco-italien du 26 juillet 1862 a stipulé pour les Français seulement et non pour les Tunisiens. Mais en 1862, la France ne pouvait pas parler pour la Tunisie ; cette dernière ne vivait pas en‑ core sous son protectorat. Depuis, en 1881, une union po‑

----

(1) Nous empruntons littéralement cette formule au re‑ marquable travail intitulé : « l'Incident consulaire de Flo‑ rence », et publié dans la Revue internationale de Rome, le 25 janvier 1888, p. 239, par notre éminent confrère, M. le sénateur Pierantoni, professeur à l'Université de Rome et membre du Contentieux diplomatique

(2) Pendant que ce travail était sous presse, M. le séna‑ teur Canonico conseiller à la Cour de cassation de Rome, membre du contentieux diplomatique, a bien voulu nous communiquer les deux « parere », en date des 8 janvier et 22 janvier 1888, demandés par le gouvernement italien et adoptés par le « Consiglio del Contenzioso diplomatico », au rapport de M. Canonico.

M. Crispi, président du conseil des ministres, a gracieu‑ sement autorisé cette communication. Nous le remercions publiquement de ce procédé libéral, si rare dans les chan‑ celleries, toutes confites d'ordinaire dans les pratiques mys‑ térieuses. C'est un acte de belle et honnête bravoure que de sortir ses arguments au grand jour. Nous tenons à le signaler pour l'applaudir.

litique s'est opérée entre les deux pays ; la Tunisie est maintenant représentée dans ses rapports extérieurs par la France ; ne doit-elle pas jouir du bénéfice des traités de la Puissance consorts, dans la limite, tout au moins, où les droits des nations, ayant précédemment traité avec la Tunisie, ne se trouvent pas diminués ?

Les traités de 1760 et de 1860 qui règlent plusieurs questions de procédure ont été conclus entre la France et la Sardaigne, et cependant la jurisprudence française n'hésite pas à en étendre le bénéfice aux anciens Etats romains, à l'ancien royaume de Naples, à l'Italie actuelle tout entière.

L'Italie a conclu un traité spécial avec la Tunisie en 1868, à une époque où celle-ci avait une existence indépendante et isolée. Mais en 1881, la Tunisie, s'est, au point de vue diplomatique, absorbée dans la France, et, conséquemment, elle profite de la position internationale de cette puissance.

N'y a-t-il pas une situation analogue entre la France et l'Italie, pour plusieurs de leurs traités ? En matière d'extradition, par exemple ? Cette matière est régie entre la France et l'Italie par le traité du 12 mai 1870, antérieur par conséquent à l'absorption des Etats romains dans le royaume unitaire italien. Or, les Etats romains avaient passé avec la France un traité d'extradition, le 19 juillet 1859. Serait-on fondé à dire en France que dans des cas déterminés le traité franco-italien de 1870 peut-être tenu en échec par le traité franco-romain de 1859 ? Non assurément. Pourquoi ? Parce que l'ancienne souveraineté pontificale a disparu, politiquement parlant, dans la nouvelle souveraineté italienne.

Que dit le traité italo tunisien du 8 septembre 1868 qui, d'après les termes de la transaction intervenue sur l'incident de Florence, devra fournir les règles de droit dans le règlement de la succession d'Hussein pacha ? Son article 22, § 2, s'exprime ainsi : « Les donations et les successions encore qu'ayant pour objet des biens immobiliers, seront régies selon les lois italiennes ou tunisiennes (*regolate secondo le leggi italiane o tunisine*) suivant que le donateur ou le défunt appartiendra à l'une ou à l'autre nation (*secondo che il donanti o il defunto appartenga all'una o all' altra nazione*) sauf en tout cas la défense de transmettre des biens immobiliers aux étrangers, incapables d'en posséder dans le royaume de Tunis (1).

Il ne ressort donc pas de ce traité, comme il a été affirmé plusieurs fois par erreur, que la succession des Tunisiens en Italie est régie par la loi italienne. Le texte de l'article 22 est formel en sens contraire. La succession d'un Tunisien en Italie est régie par la loi tunisienne même pour ses immeubles. La convention a été jusqu'à consacrer le principe très large et très logique de l'unité de patrimoine, que la plupart des législations positives et des traités n'admettent pas encore.

Qui donc aura qualité en Italie pour veiller à ce que la loi tunisienne soit régulièrement appliquée à la succession d'un Tunisien? la Régence de Tunis avant 1881 n'avait pas de véritables consuls. Depuis 1881, elle n'en a plus besoin, puis que la France la représente à l'extérieur. C'est la France seule qui est en posture de réclamer les droits de la Tunisie à l'étranger; sans son intervention, la Tunisie n'a plus de garanties pour l'exécution des conventions autrefois consenties par elle. Aussi, d'accord avec les faits, le Bey a-t-il publié en mai 1881 une circulaire invitant ses sujets à se placer à l'étranger sous la protection des consuls français.

II. — Le traité du Bardo ayant été signé le 12 mai 1881, entre la Tunisie et la France est à la lettre *res inter alios acta* pour l'Italie qui n'en est pas signataire. Mais, quittant l'abstraction juridique, est-il exact de dire qu'il est non avenu sur le terrain des faits ? Combien de fois les nations n'ont-elles pas reconnu un état de choses, une modification politique ou géographique opérés en dehors d'elles. Les Etats européens n'ont pas été mêlés aux révolutions qui ont amené l'absorption du Hanovre par la Prusse, et tous admettent que celle-ci représente le défunt royaume. Les puissances européennes n'ont pas concouru à l'accession du royaume de Naples à l'Italie en 1860, et aucune d'elles ne discute aujourd'hui le fait accompli. Les exemples seraient faciles à multiplier.

(1 Raccolta dei trattati et delle convenzioni fra il regno d'Italie ed i governi esteri, III, p. 194; Firenze, 1872.

Le 12 mai 1881, une union politique intime s'est établie entre la France et la Tunisie. Pourquoi ne serait-elle pas reconnue, alors que tous se sont inclinés devant l'union de la Sardaigne, successivement étendue à la Toscane, au royaume de Naples, aux Etats pontificaux ? Aux termes du pacte franco-tunisien rendu public, « le gouvernement de la République française se porte garant de l'exécution des traités actuellement existants entre le gouvernement de la Régence et les puissances européennes » (art. 4), et plus loin : « Les agents diplomatiques et consulaires de la France en pays étrangers, sont chargés de la protection des intérêts tunisiens et des intérêts de la Régence.»

Pourquoi une convention de cette nature, passée entre deux Etats indépendants, dans la plénitude de leur souveraineté, serait-elle réputée inexistante pour les autres nations ? La Tunisie était maîtresse de ses destinées. Son indépendance était constante depuis plusieurs siècles ; c'était d'ailleurs l'opinion de l'Italie puisqu'elle traitait directement avec elle.

En fait, le traité du Bardo, sa portée, ses conséquences ont donné lieu à une correspondance diplomatique très étendue que l'Italie a loyalement publiée et présentée au Parlement italien le 28 février 1884. M. Renault en a reproduit les principaux documents dans ses excellentes Archives diplomatiques (1884, IV, p. 257-283 ; 1885, I, 62). On pourra voir en parcourant ces nombreux documents et notamment la note du ministre des affaires étrangères d'Italie au consul général italien à Tunis, du 8 janvier 1884, que le traité du Bardo n'est point considéré comme s'il n'existait pas. La légitime préoccupation de l'Italie c'est que les événements nouveaux qui se sont produits en Tunisie ne portent pas atteinte aux avantages qu'elle s'était assurés par les traités antérieurs. « Hormis la matière judiciaire, on maintiendra en vigueur toutes les autres immunités, avantages et concessions accordés par les capitulations, les traités et les usages (1). »

Les cabinets de Paris et de Rome tombèrent d'accord

---

(1) M. Mancini au consul général d'Italie à Tunis, 8 janvier 1884.

pour fixer leur entente commune sur cette question, dans un instrument diplomatique. Le 25 janvier 1884, un protocole fut signé à Rome entre le ministre des affaires étrangères et l'ambassadeur de France (1). Cette convention, plus tard approuvée par le Parlement italien, s'exprime ainsi dans ces deux premiers articles :

« Article premier. Le gouvernement du roi consent, avec réserve de l'approbation parlementaire, à suspendre en Tunisie la juridiction des tribunaux consulaires italiens. La juridiction exercée par ces tribunaux sera transférée aux tribunaux récemment institués en Tunisie, dont S. A. le Bey a, par un décret du 5 mai 1883, étendu la compétence aux nationaux des Etats qui consentiraient à faire cesser de fonctionner leurs propres Tribunaux dans la régence. — Art. 2. Sauf cette dérogation au régime actuel, il est expressément convenu que toutes les autres immunités, avantages et garanties assurés par les capitulations les usages et les traités restent en vigueur. »

Cet accord réserve expressément, on le voit, les traités conclus entre l'Italie et la Tunisie. Dès lors la situation des Italiens en Tunisie ou des Tunisiens en Italie n'est pas gouvernée par le traité franco-italien de 1862, mais par le traité italo-tunisien de 1868, et notamment, en ce qui concerne les successions respectives des Italiens et des Tunisiens, par l'article 22 de ce dernier traité, ci-dessus reproduit. Mais il ne s'ensuit pas que la France, délégataire désormais des pouvoirs de la Tunisie dans les rapports extérieurs de la Régence, ne soit pas qualifiée pour la représenter à l'étranger et veiller à l'application de ce traité en Italie en faveur des Tunisiens, dans la limite même des stipulations qu'il contient, comme l'Italie est fondée à en réclamer la stricte observation en faveur de ses nationaux en Tunisie, de la part du gouvernement beylical ou du gouvernement français.

III. — Il suit de ces considérations qui pourraient être développées qu'il ne paraît pas nécessaire de conclure

---

(1) Ce protocole n'a pas été publié en France, croyons-nous. Nous en tenons la communication d'une source authentique.

DU MÊME AUTEUR

Chez *MARCHAL ET BILLARD*, Editeurs

27, place Dauphine, à Paris

Journal du Droit international privé (1874-1888), 15 vol. in-8º, avec tables, un an : 18 fr.

Questions de droit relatives à l'Exposition internationale de 1878, in-8º.

Concordance des résolutions du congrès de la propriété artistique, avec les dispositions déjà admises dans les Congrès, la législation et les traités diplomatiques des principaux pays, in-8º, 1879.

État actuel des relations internationales avec les États-Unis en matière de marques de fabrique, in-8º, 1880.

Du défaut de validité de plusieurs traités diplomatiques conclus par la France avec les puissances étrangères (2ᵉ édit.), 1880.

Un étranger peut-il pratiquer une saisie-arrêt en France contre un Français ? in-8º, 1882.

Offenses et actes hostiles commis par des particuliers contre un État étranger (2ᵉ édit.) in-8º, 1887.

Questions de droit relatives à l'incident franco-allemand de Pagny (affaire Schnœbelé), in-8º, 1887.

Étude sur la convention d'union pour la protection des œuvres littéraires et artistiques, in-8º, 1887.

Paris. — Imp. J. Kugelmann, 12, rue Grange-Batelière.